COUP D'ŒIL

SUR LE

SUFFRAGE UNIVERSEL

COUP D'ŒIL

SUR LE

SUFFRAGE UNIVERSEL

PAR

UN ÉLECTEUR

ORLÉANS

H. HERLUISON, LIBRAIRE-ÉDITEUR

17, RUE JEANNE-D'ARC, 17

—

1871

COUP D'ŒIL

SUR LE

SUFFRAGE UNIVERSEL

I

Le suffrage universel est un des produits de ce qu'on est convenu d'appeler les idées modernes.

A ce nom de suffrage universel, chacun se découvre. — Le suffrage universel, c'est la base de l'édifice social, c'est le droit, c'est la justice. — Il plane au-dessus des gouvernants comme des gouvernés; il doit dominer le monde et a pris en main pour toujours la direction des affaires et des événements.

Mais pourtant, en y regardant de près, on reconnaît bien vite qu'aux yeux même de ses partisans et de ses adorateurs, il n'occupe en réalité qu'une position pré-caire et dépendante, puisque chacun propose à sa guise de le façonner, de le transformer, et reconnaît ainsi qu'on peut bien en modifier, et presque par cela même en annuler l'influence, la valeur et la portée. — Celui-ci, en effet, voudrait exclure du droit de vote les *ruraux*, — celui-là ceux qui ne savent pas lire. — Un autre, par compensation (sans doute pour simplifier les choses), voudrait y faire participer les femmes. — Plusieurs pré-tendent que le laps de peu d'années, un an, deux ans, trois ans, suivant les circonstances, suffit pour vicier ses arrêts et laisser s'évaporer leur vertu (1). — Tout ré-cemment un des créateurs du suffrage universel n'a pas craint, en pleine Chambre des représentants, de le faire descendre de son piédestal, en le réduisant à peine au rôle d'un demi-dieu subordonné à cette déesse qu'on appelle la République. — Aujourd'hui on propose de priver les soldats du droit de vote, en sorte que, au moment où toute la nation sera sous les armes, les survivants du suffrage universel seront seulement les éclopés repoussés du service militaire; c'est-à-dire que, dans les moments les plus critiques, il ne nous restera plus guère que les aveugles et les paralytiques pour nous faire voir les abîmes ou nous en tirer!

Donc, je le répète, si ses plus chauds partisans ne

---

(1) Il est bon de remarquer que ceux-là même qui contestent au suffrage universel le pouvoir d'engager l'avenir reconnaissent pourtant que les provinces annexées à la France en vertu d'un vote ont perdu pour toujours le droit de s'en séparer.

craignent pas de le déformer, de le meurtrir jusqu'à le rendre méconnaissable, le suffrage universel n'a pas, tel qu'il existe, une autorité indiscutable et souveraine; il n'est pas l'arche sainte à laquelle il est défendu de toucher; concluons qu'il nous est loisible, dans une bien courte étude, d'envisager et d'apprécier comment, au moins pour les élections générales, il se pratique aujourd'hui.

Avant tout, une première réflexion qui frappe les regards les plus inattentifs vient à se dresser devant nous.

Il y a peu d'années, on se plaignait, avec justice, que le droit de vote fût simplement le corollaire du paiement de l'impôt, et on en réclamait avec instance l'extension par *l'adjonction des capacités*. — Nous avons depuis lors parcouru tant de chemin, que vraiment l'époque à laquelle cette prétention florissait semble se perdre au milieu des temps antédiluviens.

Aujourd'hui, les incapacités comme les capacités, tout est indistinctement requis.

Celui qui doit à la nature et au travail le don d'une vaste intelligence et le développement complet de ses facultés, et celui qui est dans un état plus ou moins voisin de l'idiotisme (1), — l'homme de bien que la con-

(1) En même temps on rend hommage au principe que l'exercice de ces droits exige et suppose une certaine maturité, puisque la limite d'âge fixée *en haut* pour les magistrats, on l'a posée *en bas* pour les électeurs; mais ici encore se produit ce résultat bizarre que les jeunes gens jusqu'à vingt ans, malgré leur science et leurs diplômes, sont

sidération publique élève au-dessus de ses concitoyens, et celui qui, s'il n'est pas sorti du bagne, serait au moins digne d'y entrer, — tous se trouvent momentanément coulés dans le même moule, frappés à la même effigie, — et, pour peser sur les destinées du pays, investis d'une somme égale et identique d'influence et de droits!

Est-ce rationnel, est-ce juste?

C'est précisément l'inverse de ce qui se passe devant la justice. Là, en effet, pour ce qui touche aux intérêts d'un seul citoyen, on ne compte pas les témoignages, on les pèse. Et ici, alors qu'il s'agit de la fortune publique et de la masse des citoyens, les opinions manifestées par un vote, on les compte, on ne les pèse pas!

Et pourtant l'exercice de ce droit exigerait une certaine somme de sagacité et d'intelligence pour découvrir et discerner le mérite respectif de deux candidats rivaux qui se présentent et de la cause qu'ils soutiennent.

Devines, si tu peux, et choisis, si tu l'oses.

On voit donc des électeurs s'empresser de dire : J'y renonce, et subordonner leur détermination à la décision du sort ; — le plus grand nombre souvent,

De peur de s'égarer, ne prend aucune route.

exclus, pour faire place à ceux dont la vie n'est souvent qu'une éternelle enfance.

Aussi maintenant, pour triompher de cette apathie et de ces abstentions, on veut métamorphoser en devoirs ces droits électoraux si chers. — (Ainsi, toujours au nom de la liberté, tout va devenir obligatoire, le service, l'instruction, le vote, etc.) — Et l'on propose de contraindre, au moyen de pénalités nouvelles, à émettre leur opinion ceux qui n'en ont pas ! — Alors au moins, pour nous égayer au milieu de nos tristesses, que Molière revienne donc et fasse entrer en scène, non plus le *médecin*, mais bien l'*électeur malgré lui !*

Et parce que, sans doute, on a trouvé que dans le corps électoral, il y avait encore trop d'abondance de lumières, on a imaginé, comme pour embrouiller la situation, le *scrutin de liste*, qui consiste à présenter aux électeurs, en bloc et tout massés, tous les candidats d'un département. — C'est alors une véritable coalition, une petite société de secours mutuels qui a le mérite au moins de mettre à couvert des reproches d'ambition et d'égoïsme ; car en agissant pour soi, on agit aussi pour les autres, et on semble agir pour les autres, quand on ne travaille que pour soi.

Quoi qu'il en soit de la valeur de cette dernière appréciation, tout le monde sait qu'en général, quand on veut se rendre compte du mérite d'un objet, précieux ou non, le premier soin, la première opération consistent à le séparer de ses homogènes, à l'isoler pour l'envisager sur toutes ses faces. — Eh bien ! nos candidats, qui vivaient isolés et auraient pu, dans cette condition, se présenter aux suffrages, on les groupe; il semble qu'on a hâte de les masquer l'un par l'autre et de les dissimuler aux regards. — Aussi la masse des électeurs, déroutée, décontenancée, n'y distingue rien, disons le mot, tout trivial qu'il est, n'y voit plus que du feu. — Si une notoriété sympathique figure en tête de la liste, c'est un laisser-passer pour la suite. — Et, si l'affaire est bien lancée, ceux qui doivent concourir à la direction des affaires publiques,

> . . . . Connus et non connus,
> Pour y prendre leur part sont les très-bien venus.

Il n'est donc pas illogique de conclure que rarement le vote est suffisamment éclairé. Ajoutons que, souvent, il n'est pas sincère et libre ; tantôt les électeurs arrivent haletant sous la pression du gouvernement qui les enchaîne et les entraîne, — tantôt une nuée d'agents obéissant au mot d'ordre qu'ils ont reçu chacun des chefs de leur parti, ou bien font miroiter les plus fausses, mais les plus brillantes promesses, ou bien débitent et propagent, dans les villes comme dans les campagnes, une foule de fables, de contre-vérités, de *pauvretés*, comme disait La Harpe, qui, en raison même de leur absurdité, vont se photographier et fixer fatalement leur empreinte sur les cerveaux débiles, ne laissant plus aux malheureuses victimes la liberté de discuter leur choix (1).

(1) L'année qui s'achève peut nous donner un spécimen des bas-fonds jusqu'où peut descendre la crédulité publique. En vertu d'un mot

Plusieurs iront puiser leurs inspirations au sein de réunions publiques, où, à leur insu, le mensonge occupe souvent la place d'honneur, mensonge qui se produit sous le couvert des grands mots de bien public, liberté, conscience, etc., — le pavillon couvre la marchandise, — mensonge aussi de la part des candidats qui, quelquefois, servent à volonté un peu de rouge, un peu de blanc à leurs interlocuteurs et interrupteurs, suivant leur désir, — sans pour cela parvenir, tant que dure leur interrogatoire, à se créer une situation couleur de rose, croyez-le bien !

d'ordre dont la pensée avait été bien perfidement conçue, le bruit a été propagé dans presque toute la France, et accueilli — nous rougissons de le dire — avec une soumission et une confiance qu'on refuse souvent à l'Évangile, que, si les Prussiens étaient venus, c'étaient les nobles, les curés, les bourgeois, qui les avaient appelés. Et si, abordant un de ceux qui semblent nourrir moins de préventions, on vient à lui dire : « Mais vous pensez donc que le roi de Prusse était fatalement sous la dépendance des nobles, des curés, des bourgeois ? — Quel intérêt avaient à faire venir les Prussiens ceux auxquels les Prussiens devaient apporter ou la mort ou la ruine ? Vous ignorez donc que c'est Napoléon qui le premier a déclaré la guerre ? — Et aujourd'hui, si l'on a trouvé *les preuves* d'un pareil complot, comment se fait-il que, soit dans la presse, soit dans l'Assemblée, pas une voix ne s'élève pour demander la mise en jugement d'aussi odieux conspirateurs ?... » votre interlocuteur répond : « C'est bien vrai.... » Puis, à quelque distance, hochant de la tête, il se redit à lui-même et redit aux autres : « C'est égal, si les Prussiens sont venus, ce sont les nobles, les prêtres, les bourgeois qui les ont appelés ! »

Cette croyance, habilement exploitée, a sur plusieurs points influé aux élections dernières sur le résultat définitif du vote. — Et vraiment, rendu sous une pareille pression, je ne puis guère vénérer l'arrêt du suffrage universel.

Toujours est-il que, *toutes choses égales d'ailleurs,* on a vu plus d'une fois les plus belles chances appartenir à celui qui savait dépenser le plus d'activité, d'audace, de mensonges et d'argent.

Pour aboutir à des résultats d'un mérite aussi équivoque et d'une valeur aussi contestable, envisageons maintenant l'agitation déplorable et funeste que la période électorale a généralement soulevée. A ce moment, les froids on les réchauffe, les chauds on les enflamme; c'est avec acharnement que s'engage la lutte, et l'activité des esprits s'épuise et se consume à perfectionner les moyens d'attaque et de défense. Des émissaires nombreux et fanatiques parcourent ces nouveaux champs de bataille, et ce ne sont pas précisément les sentiments de concorde qu'ils ont mission de venir propager. Dans les clubs et les réunions publiques, ce n'est pas seulement le mensonge qui fait irruption, mais encore le cortége de tout ce qui peut diviser les hommes, l'ambition, la colère, l'orgueil, la menace et l'envie, et plus d'une fois des scènes sanglantes sont venues assombrir et tristement couronner les dernières phases de la lutte.

C'est là l'histoire du passé, et si maintenant nous jetons nos regards sur l'avenir, qui donc serait assez aveugle pour proclamer que notre éducation politique est faite, qu'au milieu de tous les citoyens s'épanouissent les sentiments les plus purs d'union, de paix, d'unité de vues, d'entente cordiale en un mot, suivant l'expression du roi Louis-Philippe? N'est-il pas plus juste de signaler, au milieu de la division et de l'agitation des esprits, sur bien des points l'encombrement de matières inflammables dont le feu de la bataille électorale pourrait précipiter l'embrasement?

Je termine par une courte observation ayant pour objet d'établir mathématiquement que la conséquence d'un vote, quelque régulier qu'on le suppose, peut bien être de donner pour représentants à la majorité des électeur la minorité des députés.

On peut aujourd'hui regarder comme fort possible qu'à un moment donné le pays ait la mission, au moyen du suffrage universel, de se choisir un gouvernement définitif. Naturellement, république et monarchie seront dans l'arène, et à leur suite deux groupes de candidats rivaux ; — entre eux il s'agit de choisir. — Supposons donc, par exemple, quatre départements devant réunir chacun 40,000 suffrages. Dans trois de ces départements, les candidats républicains l'emportent, avec une majorité de 1,000 voix, affirmant ainsi que la monarchie réunit seulement 58,500 voix, la république 61,500; mais si dans le quatrième département le candidat monarchiste a obtenu une majorité de 10,000 voix, il y aurait pour la monarchie 25,000 voix; pour la république 15,000

Donc, dans l'ensemble des quatre départements :

Premier résultat : Majorité de 7,000 voix en faveur de la monarchie.

Deuxième résultat : Un seul représentant favorable à la monarchie, trois favorables à la république.

Ce que nous supposons pour quatre départements, il est évident qu'on peut le supposer pour tous, et remarquons que, sans qu'il s'agisse de résoudre une question aussi radicale que celle concernant la république et la monarchie, en temps ordinaire, les députés se fractionnent d'une façon très-tranchée, en députés opposants ou conservateurs, et que la même anomalie peut bien assez souvent par conséquent se reproduire.

Les réflexions qui précèdent nous amènent, il me semble, naturellement à reconnaître que, si l'appel au suffrage universel peut être une ressource précieuse et un expédient salutaire, s'il est bien fait d'attribuer à ses décisions la force de chose jugée, d'autre part, en présence de ses inconséquences, de ses hasards, de ses écarts, ce serait l'exalter outre mesure que d'en faire *la loi suprême, indépendante de tout droit divin et humain* (1). — C'est précisément ce qu'a réprouvé Pie IX, au grand scandale de l'opinion publique, et pourtant il me semble que ce jour-là, s'il restait encore sur la terre quelque lueur de bon sens, c'est bien au Vatican qu'elle avait trouvé un asile.

---

(1) *Supremam legem ab omni divino humanoque jure solutam.* (Encycl. du 8 novembre 1864.)

II

Faut-il donc conclure de nos observations qu'à l'influence du droit attribué à l'expression du suffrage universel, nous préférons substituer l'autorité du triomphe
brutal de la force ? — Nullement ; — le suffrage universel,
sans en exagérer follement le mérite et la puissance,
qu'il soit maintenu en honneur, et conservons-en la pratique ; — mais toutefois, afin d'atténuer en grande partie
la portée des griefs qui se dressent contre lui, essayons,
s'il est possible, d'en modifier l'exercice et les conditions ;
et ici nous n'avons pas une découverte à révéler ; nous
ne nourrissons d'aucune manière la pensée de solliciter
un brevet d'invention (qui d'ailleurs, contre notre désir,
empêcherait cette prétendue invention de tomber dans le
domaine public), nous voulons nous borner à appeler
l'attention sur un système déjà connu et apprécié, le
suffrage universel à deux degrés, qui consisterait chez
nous à conférer à chaque citoyen le droit de choisir et
de désigner ceux qui doivent nommer les représentants.

Dans l'habitude de la vie, il arrive souvent qu'étant indécis sur la marche qu'on doit suivre pour la conduite de ses affaires privées, on s'adresse à un notaire, un architecte, un avoué, etc., en disant : *Faites pour moi*, et les choses n'en vont pas plus mal.

De même pour les affaires publiques, l'électeur se sentant incapable de découvrir la voie dans laquelle il doit de préférence s'engager choisit dans sa commune, par application de ce système, ceux auxquels il reconnaît une dose suffisante de mérite et de capacité, et leur dit également : *Choisissez, désignez, agissez en mon lieu et place*, et l'opération n'en aura pas pour cela plus de chances de mal réussir.

Et ici s'évanouit, ou au moins s'atténue singulièrement le reproche que nous avons fait au système actuel, de créer l'égalité au milieu de l'inégalité radicale des intelligences et des caractères, et de réclamer des populations la manifestation inconsciente d'un vote dont souvent elles ignorent les conséquences et la portée.

Car dans chaque commune, ou dans chaque section de commune, chacun connaît ou peut connaître ses concitoyens, et il suffit d'un peu de bon sens et de droiture pour discerner ceux auxquels il convient de confier la mission de choisir sans appel nos représentants.

Dans ces conditions, le principe de l'égalité des droits accordée indistinctement à tous les électeurs peut être sans regrets et sans résistance accepté.

Ajoutons que, par cela même que chaque électeur a

la faculté de se former son opinion à lui-même, les influences étrangères seront moins à redouter, et laisseront ainsi au votant plus de liberté et plus de sincérité au vote. — A l'appui de cette appréciation, permettez-moi de vous introduire dans le domaine des faits. — Quand nos représentants sont pour la première fois réunis, leur première pensée est de s'interroger mutuellement avec inquiétude pour reconnaître s'ils sont valablement élus, et le résultat de l'enquête est un arrêt de mort pour plusieurs dont l'élection, en raison d'influences subies, pressions illégitimes de toute sorte, est déclarée nulle et non avenue ; — mais les élections mille fois plus nombreuses des conseils généraux, municipaux, d'arrondissement, qui *s'accomplissent à peu près dans les conditions que nous rêvons pour les élections générales*, il est presque inouï qu'une seule d'entre elles ait été, par suite des mêmes griefs, cassée et mise à néant. — La lumière que nous apporte ainsi l'expérience et ce simple rapprochement ne sont-ils pas de nature à investir notre affirmation d'un certaine autorité ?

Quant à cette fièvre électorale, qui ne cède pas toujours à l'échéance fatale du jour du scrutin, mais laisse dans le pays une longue et pénible convalescence, on a lieu d'espérer, dans une large mesure, en prévenir ainsi le retour.

Aujourd'hui, en effet, la période électorale ne fait surgir dans tout le département, pour la propagande, qu'un seul et même objectif. Il est donc facile de commissionner des agents chargés de promener en tout lieu, à l'occasion *d'un même* vote à émettre, *le même* bagage de récriminations, de promesses ou de calomnies.

Émanant d'un foyer central, partout viennent s'abattre une multitude d'écrits, de proclamations, de protestations, de manifestes. — C'est, en effet, une action générale et très-chaude qui s'engage sur toute la ligne.

Avec l'élection à deux degrés, nous n'avons plus que des escarmouches; dans chaque commune le champ de bataille est circonscrit, la scène a changé, et n'y a-t-il pas de quoi dérouter les émissaires, qui ne pourraient agir dans chaque localité avant d'avoir longtemps étudié la position des lieux, forcés de recourir à une tactique toujours nouvelle, incertaine et variable? — D'ailleurs, par cela même qu'il s'agirait d'une affaire en quelque sorte d'intérieur et de famille, leur intervention serait accueillie avec défiance, et dépourvue en conséquence d'influence et d'autorité; — et toutes ces publications destinées à entretenir au profit d'une candidature une agitation générale, deviendraient également, en grande partie, par les mêmes motifs, sans raison d'être, sans action et sans objet.

Nous avons donc l'espérance de pouvoir conjurer ces crises périodiques, produit de l'excitation électorale, et croyons ainsi entrevoir certaines garanties d'apaisement. Sans doute, sur plusieurs points, quelques intrigues se feront jour; mais, le plus souvent, à quoi se réduira cette agitation? ce sera, ainsi que l'a dit

M. Guizot, si je ne me trompe, *une tempête dans un verre d'eau.*

Mais cette agitation repoussée de la première opération électorale devra-t-elle être subie par les délégués du suffrage universel devenus électeurs au deuxième degré? Il faudra, nous le savons bien, toujours compter avec l'entraînement des passions et de l'esprit de parti, et l'inspiration des divers courants d'idées qui se produisent; mais ces électeurs en subiront moins l'influence, parce qu'ils seront moins nombreux et plus éclairés, — et il est toujours incontestable que ceux qui sont investis d'un mandat spécial et d'une mission personnelle ont à cœur, en général, de s'en acquitter en conscience et d'agir avec plus de réflexion, de calme et de maturité.

A un autre point de vue, serait-ce une illusion de supposer que ce mode de suffrage universel pourrait encore nous apporter quelque bienfait et contribuer, au sein d'une commune, à en relever un peu le niveau moral? Voyez donc, en général, quand, en vue d'une élection prochaine, un citoyen a posé ou projette de poser sa candidature, comme il s'efforce de paraître à l'abri de tout reproche, d'avoir de bonnes paroles pour tous les électeurs, de mettre à la disposition de tous ses services et ses bienfaits! — N'est-on pas, par analogie, conduit à admettre que ceux qui nourriront l'ambition légitime d'être désignés comme électeurs tâcheront, quelquefois au moins, de se couvrir d'un vernis de probité, de moralité, d'honorabilité, auront par cela même plus de respect et d'eux-mêmes et des autres, et viseront à entretenir avec leurs concitoyens des rapports de mutuelle bienveillance, de manière, au moyen d'une honnête popularité, à se mettre en voie d'obtenir une distinction qui deviendrait alors à la fois une récompense et un encouragement?

Mais enfin, va-t-on s'écrier, ce que vous demandez, c'est pour le suffrage universel une confiscation, c'est une déchéance! — A cela, je réponds hardiment: Non. Non, parce qu'en définitive nos représentants sont toujours le produit du choix libre de tous les citoyens, sans privilége ni faveur; — parce que, si une portion des électeurs *semble* participer d'une manière moins complète à la direction des affaires, une autre portion est appelée à peser d'un plus grand poids que par le passé dans la balance de nos destinées, et s'il y a, au profit de quelques-uns, déplacement d'influence, c'est le suffrage universel qui est en jeu, et désigne, en fin de compte, ceux auxquels il entend conférer ainsi de nouveaux droits.

Et l'on peut repousser par le dilemme suivant tous ceux qui insisteraient pour formuler leurs griefs et leurs protestations :

Êtes-vous doués d'intelligence, ou bien n'en êtes-vous pas largement pourvus?

Votre réputation est-elle intacte, ou bien est-elle équivoque ?

Dans le premier cas, votre situation n'est nullement

amoindrie, puisque, mieux que par le passé, vous êtes en mesure de prétendre à une distinction nouvelle.

Dans le deuxième cas, vous ne devez point regretter de reporter sur d'autres *de votre choix* une charge qui est au-dessus de vos mérites et de vos forces.

Que si l'on est dominé par la pensée que tous doivent participer *sans intermédiaires* à la direction des affaires publiques, alors il faut être logique jusqu'au bout et mettre en pratique les théories d'une certaine école qui, en 1848, réclamait que toutes les questions les plus ardues de finances, de commerce, de paix, de guerre, etc., fussent résolues par tous les citoyens réunis périodiquement en assemblées primaires dans les granges; ce qui, soit dit en passant, supposait les granges toujours vides : emblême de la situation qui nous était réservée !

Après tout, tâchons donc d'apprécier si, avec la réforme proposée pour la masse des électeurs, il y aurait perte ou bénéfice à attendre. — Quels sont donc, aujourd'hui, les préliminaires du scrutin ? Un comité, ou une réunion électorale limitée par le nombre et fonctionnant ordinairement au chef-lieu, après plusieurs pourparlers, transactions, examens subis, arrête et clôt la liste des candidats. — Une fois leurs noms incrustés dans la liste, MM. les candidats peuvent, le soir même, faire leurs malles et retenir leurs places, — j'allais dire pour le palais Bourbon, — le lendemain se mettre en route. — Bien entendu, sur toute la ligne, les électeurs seront échelonnés, invités, au passage, à les saluer de leurs bulletins.

Cette décision une fois prise, voyez-vous, cet arrêt rendu... c'est la vie, c'est la mort, — la vie qui s'épanouit pour les députés nouveaux, — la mort qui frappe du même coup tous les colléges électoraux devenus impuissants dans leur isolement, paralysés pour la lutte, immolés sans miséricorde, — et, quand on les voit pourtant fonctionner, se mouvoir, s'agiter comme s'ils étaient encore de ce monde, on se figure involontairement entendre Scarron nous dire :

> J'ai vu des ombres d'électeurs,
> Avec l'ombre d'un bulletin,
> Marchant vers l'ombre d'un scrutin (1).

Dans de pareilles conditions, les électeurs auraient-ils donc beaucoup à perdre à échanger contre la faculté de déléguer ceux qui possèdent leur confiance ce simulacre de pouvoir, ce simple droit d'enregistrement, d'homologation, cette autorité fictive dont fièrement ils se croient investis ? — Ah ! si au moins cette réunion qui s'est chargée de peser le mérite des candidats, puis d'arrêter définitivement son choix, de dé-

---

(1) J'ai vu l'ombre d'un cocher,
Avecque l'ombre d'une brosse,
Qui frottait l'ombre d'un carrosse.
(Énéide travestie.)

cider souverainement de l'élection en un mot, avait été le produit du suffrage universel, quelle amélioration ! quel progrès ! — Eh bien ! c'eût été précisément la mise en pratique du système que nous préconisons, — le suffrage universel à deux degrés.

Nous devons pourtant avouer que, s'il y a en présence, comme cela est fréquent, deux listes opposées, les électeurs conservent (toujours sous la réserve expresse des observations que nous avons présentées) une certaine liberté d'action; sans doute pour eux l'espace s'élargit ; mais ils sont encore emprisonnés dans un cercle dont ils ne peuvent franchir les limites. Le choix de *l'une ou de l'autre* de ces listes leur est en effet forcément et fatalement imposé. — Et quel est donc alors le sort réservé à celui qui s'écrierait, entreprenant de poser sa candidature solitaire :

Moi seul, et c'est assez !

N'avons-nous pas vu dans notre département du Loiret avec quelle rapidité ont sombré le général Chanzy, malgré ses batailles, — le docteur Lanoix, malgré sa vaccine — mettant ainsi en lumière, pour entamer les phalanges compactes de nos candidats, l'impuissance de la lancette et de l'épée?

Nous sommes donc en droit de le redire: deux listes ont vu le jour, deux voies vous sont ouvertes ; mais si une troisième voie vous laisse voir en perspective le but que vous désirez atteindre, cette voie vous restera

impitoyablement fermée. — Autant vaut encore déci-
dément que le vote universel délègue ceux qui auront
le mandat sans restriction ni entraves, à la majorité de
leurs suffrages, de choisir nos représentants.

Concluons donc que, comparé au mode de suffrage
en usage aujourd'hui, le suffrage universel à deux degrés, sans consacrer réellement aucune déchéance,
nous semble plus bienfaisant, plus éclairé, plus rationnel et plus sincère, et nous osons défier et la liberté,
et l'égalité, et la fraternité, de nous prouver que sa
mise en pratique serait de nature à leur porter atteinte.

Au surplus, aucun sentiment de parti pris ni d'exa-
gération, croyons-nous, n'a inspiré les diverses parties
de ce très-modeste travail, que nous soumettons à l'appréciation et au jugement de nos concitoyens. — Heureux
si la lecture de ces lignes pouvait suggérer à quelque esprit sérieux et pratique la pensée, soit d'achever
cette ébauche, soit d'élaborer, en dehors de toute pré-
vention et de tout préjugé, tout autre système sur les
bases duquel pourraient reposer la stabilité, la force et
la grandeur du pays.

Orléans. — Imprimerie de Georges Jacob, cloître Saint-Étienne, 4.

www.ingramcontent.com/pod-product-compliance
Lightning Source LLC
Chambersburg PA
CBHW051200050726
47594CB00007B/2990